KB193563

을고을다 꽃놓돌쥐

작가의 말

시가 되지 못한 문장의 조각들이 있다. 시의 걸음을 따라가지 못하고 뒤쳐져버린 파편 같은 문장들. 부지런히 길을 가지 못하고 자주 한눈을 팔았으리라. 아득히 전생에 닿아 있을 것 같은 기억의 실지렁이들이 아른대는 길에서.

그랬겠다. 길은 하냥 혼자였겠다. 슬픔, 우울, 절망, 자책, 후회…. 걸을 수 있을 때가지 걸어간, 휘어지고 꺾이고 굽이진 길의 끝에 마침내 단단한 한 채 허무의 집이 있었겠다. 그 안에서 오래 곰삭은 쓸쓸의 목덜미를 어루만지며 문장들의 상처와 상처의 틈, 거기에 따뜻이 붓질을 하고 싶었겠다.

펜이 곧바로 나아가지 못한 머뭇댐과 글썽임을, 머금고 번진 붓의 이미지가 쓰다듬어주고 싶었다. 위로와 치유의 색과 무늬로.
눈물의 얼룩들이 굳은 몸을 푸는 깨끗한 계절이다.

2025년 1월
서빈, 국향

목차

지
픔
가
슬을보다 _ 010

루
백 처
년 돌가발
럼 다신도 _ 050

라
을
말더 가다 _ 088
때있

가련한 슬픔을 보았다

세상의 사물들은 모두 저마다의 몸을 가지고 있다. 그 몸을 찬찬히 어루만지듯 들여다
보면 사물이 전해주는 말을 들을 수 있다. 사물들이 지닌 본질적인 성정이나 과학적 성질을
말하는 것이 아니다. 그것들의 몸이 지닌 고유의 말.
어디 사물뿐이랴. 창으로 들어오는 햇살과, 햇살이 드리우는 그림자, 그림자를 가만히
흔드는 바람 같은 자연 현상 또한 제 각기의 빛깔과 무늬를 지닌, 손의 감각으로 만질 수
없는 몸이 있다. 고요한 날에는 그들이 주는 말과 소리를, 그들이 지닌 몸의 무늬와 빛깔을
만지는 순간이 있다. 그 모든 말과 소리, 빛깔과 무늬는 왜, 슬픔을 한입씩 머금고 있을까.

어쩌면 사물과 현상은 변하지 않고 그대로인데 그를 보고 만지는 사람이 변하고 있을지도
모르겠다. 그들은 과묵하여 좀처럼 자신의 속내를 보여주지 않지만 사람들이 저마다의
마음의 잣대 안에, 자신이 처한 상황 속으로 그들을 불러들이는 것인지도 모를 일이다.
사람은 잘 흔들리고 자꾸만 무엇이 되고 싶어 안달하고 보채는 나약한 존재이다. 그러면
서도 지극히 자기중심적이다. 자궁이라는 아득하고도 따뜻한 슬픔으로의 귀소본능을
지닌, 사람.

아침에 일터로 나와서 문을 열면 맞아주는 책상과 의자. 그리고 천장과 벽과 바닥. 서로
맞물려 있으면서도 혼자인 것 같은 저들이 지나온 밤을, 다시 또 지나야 하는 오늘밤과
내일을 생각해 본다. 빈 공간의 고요 한 잎을 따내서 햇살 속에 놓아본다. 미세한 슬픔의
잎맥이 번져가는 아침이다.

내 문장의 행과 행은 강의 이쪽과 저쪽의 당신과 나처럼 너무 멀다.
너무 멀어 고적하여 홀로 겨웠다.
홀로 겨웠으나 낡은 문장을 끌고 여기까지 온 힘은 다름 아닌 그 고적이며 겨움이려니.
한 짐 부려진 고적과 겨움의 쓸쓸한 등을 쓸어보는,

숨이 내려앉는 봄날이다.

맑은 봄날, 너는 도랑물 아른대는 물무늬로 온다.
그렇게 와서는 잊고 지냈던 젊은 날 몇 장의 회한을 비춘다.
물은 흘러서 가고나면 다시 돌아오지 않는데,
아득히 다 흘러간 줄 알았던 지난날이
가시 같은 아픔으로 되돌아와 그게 사람의 일이라고 너는
내게 가만히 속살댄다.
사실은…, 잡힐 듯 아니 잡히는
네가 좋다.

내 오랜 친구야. 오늘 밤엔 깃털처럼 가벼운 적막을 건네주렴.
그 포근한 적막으로 향기로운 내 상처를 덮고
너에게 건넬 한 줄 시를 오래 매만지게 해주렴.

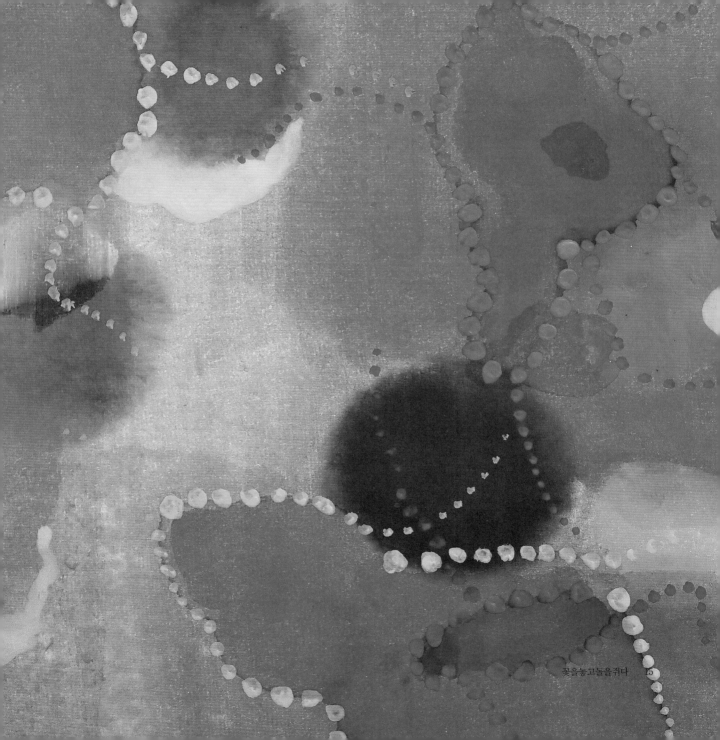

꽃을놓고돌을쥐다   15

꽃도 초록도 강물도,
거친 숨을 몰아쉬며 꿈틀대는
한 마리 짐승 같은 시절이 있었다.
그 짐승의 벌린 아가리 속으로 거침없이 들어서던 맨발,
그것이 젊음이었고 청춘이었다.
무모한 아름다움의 그 보폭들, 이제 다 낡았다.

꽃은 꽃으로,
초록은 초록으로,
강물은 강물로 돌아와
아주 고요할 때면 그것들의 엷은 겨드랑이를 적시며
천천히 흐르는 가지런한 슬픔이 보인다.

참 담백한 세월,
살아 있는 일의 아주 서글픈 일은 아닌가 보다.

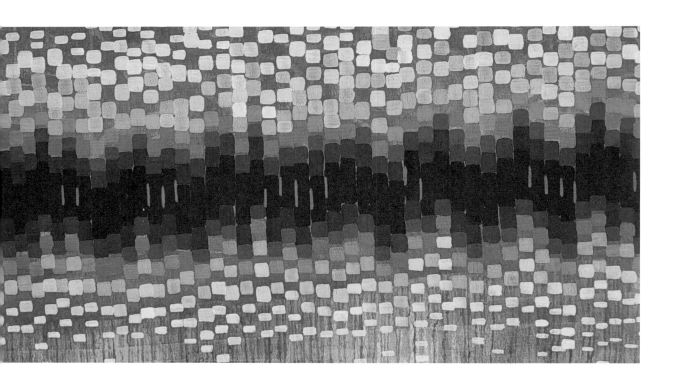

기도, 염원, 소망, 축하…….

촛불을 켜야 할 때, 켜고 싶을 때는 언제일까.

문명이 만들어낸 빛을 모두 끄고 밝혀보는 오직 하나의 빛, 촛불.

촛불은 제 몸을 태워 어둠을 밝히는 이타적 존재, 구도적 존재일까.

제 뽀얀 맨살을 뜨겁게 녹여,

거기 세운 심지에 불꽃 하나를 피워내는 관능적 존재일까.

오늘밤, 모든 인공의 불빛을 재우고난 뒤 켜둔 촛불 하나.

한 송이 고요한 불꽃은 작은 숨결에도 소스라치면서 몸을 떤다.

화르르 타오르고픈 욕망을 애써 가두어놓고

아주 천천히, 조금씩 어둠에 몸을 내주고 있다.

그렁그렁 뜨겁고도 맑은 눈물 같은 촛농의 밤이다.

20

꽃은 알고 있을까.
피어 있는 동안의 그 짧은 환희 속에
낙화라는 황홀한 고통이 운명 지워져 있다는 것을.

지는 것이 왜 피는 것 보다 아름다울까.
왜 더 고혹적일까.

꽃나무 아래서 가만히 손바닥을 펴 본다.
손바닥에 내려앉는 꽃 한 잎이 칼날처럼 서늘하고 가볍다.
오래전 져버린 환했던 그 한순간의 사랑처럼.

다 식었다. 마주한 찻잔 둘.

오도독 오도독 손마디들이 꺾였다. 입속에서 나오지 못한 말들의 마디도 꺾인다.

약속이란 말, 언약이란 말, 맹세란 말. 짧고 가느다란 새끼손가락이 감당했던 것들이다.

그것들에게는 왔다가 가버린 바람의 냄새가 난다.

관념을 걸친, 잡을 수 없는 낡은 옷자락은 텅 빈 저쪽 세계로 날아가버렸다.

식어버린 찻잔 속 검은 커피가 캄캄하고 골똘하다.

순정했던 그 한 시절이 가만히 가라앉고 있다.

오월이면 이팝꽃이 눈부시다.

하얗게 숭어리로 피어나는 이팝꽃을 누구는

고봉밥 같다고 하고 누구는 확 터진 팝콘

같다고도 한다. 또 누구는 아이스크림 같다

고도 하리라.

내게 이밥은 그 희디흰 갈망을 자식들에게 실컷 먹일 수 없었던 어머니의 아픔으로 온다.
하여 나의 이팝꽃은 닿을 수 없는 흰 그리움으로 피었다가 무너진다.

고요에는 독이 묻어있다.

봄날, 햇살을 가만히 밀치고 꽃 한 송이가 피는 순간,

혹은 그 꽃이 저 혼자 지는 순간.

여름날 매미 소리 문득 멈춘,

세상이 잠시 생각에 잠긴 그런 때.

가을날 낙엽 한 장이 빈 벤치 위로 아주 천천히 내려 올 때,

시간의 무게 혹은 가벼움에 대해 골똘히 생각하는 자세로.

그럴 때 고요는 깨끗한 독을 한 입 물고 있다.

방심하는 사이 독은 이내 살 깊숙이 들어와 보랏빛 싹을 틔운다.

그 독의 힘으로 건너는, 오래 지독한 생이 있다.

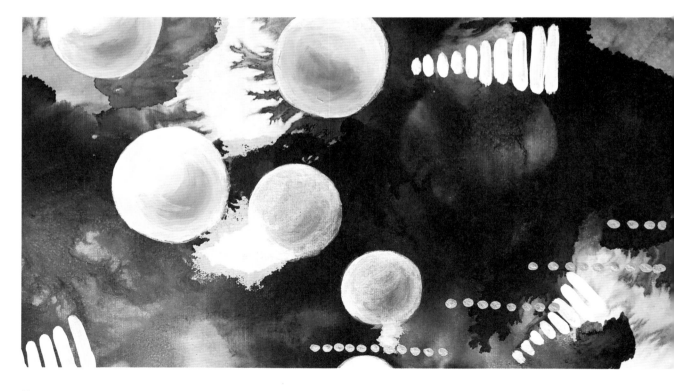

옛날도 아주 옛날, 장자 시절 최고의 푸주한 포정은 평생 칼을 갈지도 바꾸지도 않았다고 한다.

그는 소를 잡을 때 칼로써 살을 가르고 뼈를 바르는 것이 아니었다.

하늘이 낸 결을 따라 소의 살과 뼈에 난 틈에 다만 칼을 넣었을 뿐이니, 그 틈은 마치 공간처럼 텅 비어 거기서 칼은 춤을 추듯 자유롭게 노닐 수 있었다고 한다.

하여 포정은 수백 수천 마리의 소를 잡으면서도 그의 칼은 늘 막 숫돌에 갈려 나온 듯 하여 한 번도 칼을 바꾸지 않았다고 한다.

시성詩聖이 시를 쓰는 것도 이와 크게 다르지 않았을 것 같다.

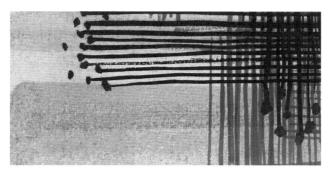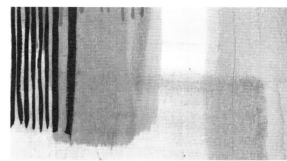

옷 하나가 하나의 실로 짜였다는 건 놀라운 일이다.
올 하나에서 시작하여 그 올이 옷 하나를 완성하고 그 맨 마지막을 이루었다니.
슬프고 아름다운 수미상관의 미학.

나의 맨 처음은 어디이며 누구에게서 비롯되었을까.
그 멀고 아득한 시작의 한 올은 굽이굽이 걸어와서 언제 어디쯤에서 무엇으로 매듭지어질까.
시작의 끝, 끝의 시작. 그 도저하고 외로운 옷 하나의 생을 생각한다.

내 인생의 페이지 터너.

당신에게 묻고 싶네요. 그 때 왜 내 앞에서 그 장(章)을 넘겼나요.

삶이 통째로 흔들릴 다음 장을 아무것도 아닌 것처럼 넘겼나요, 왜.

소리도 없이 어쩌면 그토록 가벼이.

그리고는 과녁 없는 아득한 활터에 왜 나를 세웠나요.

바람을 가르고 길 하나 낼 화살도 없이, 빈 활만 쥐어주었나요.

검정 비닐 봉지에 오래 묵혀둔 감자에서

피멍 빛 싹이 돋았다.

감자, 이름 만큼이나 순한 몸이다.

그 순한 몸이 혼신의 힘으로 내민

단단한 독을 본다.

제 안에서 남몰래 키운 독이

고독을 견디게 하고 생을 버티게 하는

힘이 되기도 한다.

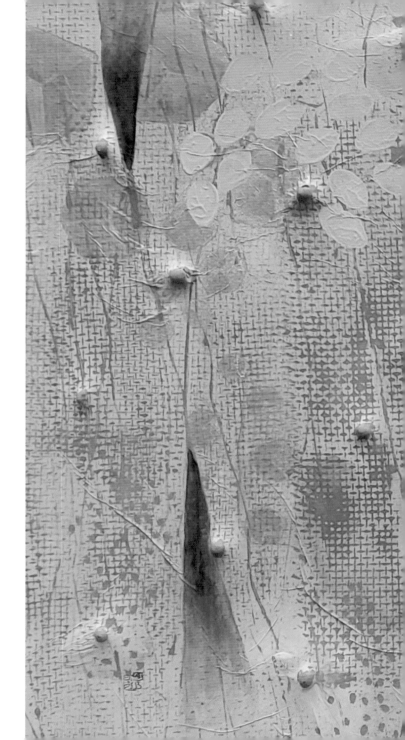

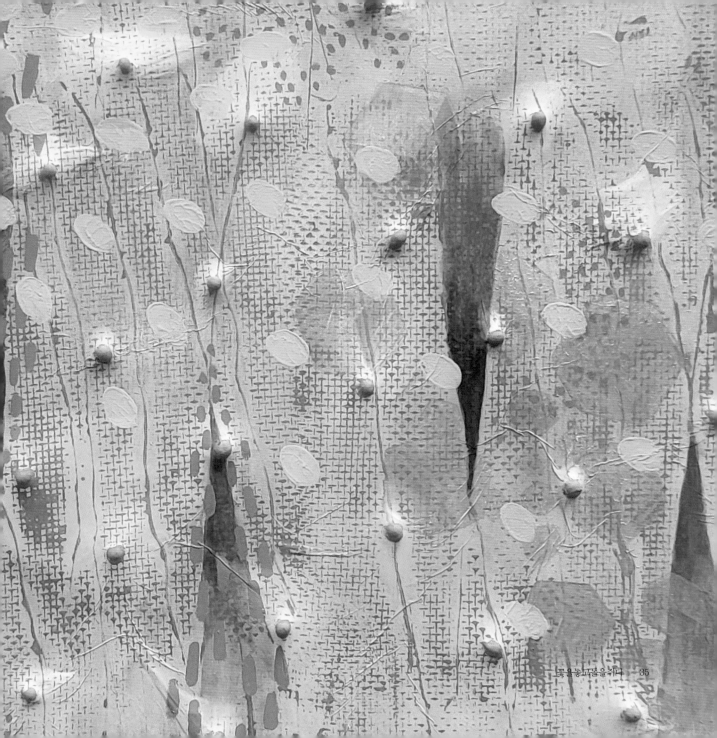

다 받아주기에 바다라고 했다는데.

받아주다가 받아주다가, 종내에는 좌절까지 통곡까지 다 삼긴 것일까.

허연 이빨들을 숨긴 저 바다는 여전히 완강하다.

받아 준다는 것은 어쩌면 답을 주지 않는다는 것일지도 모르겠다.

시퍼렇게 던진 질문들의 관절이 아픈 오늘, 바다가 통째로 몸을 뒤집고 있다.

들국화 한 가지를 꺾어 본다.

꽃 가운데 노랗게 박힌 꽃술이, 아이의 눈에 담긴 눈물 같다. 아득한 날에 떠나버린.

못에다 던진 들국화는 바람을 받아 이쪽으로 되밀려 오고

들국화보다 단단한 돌멩이를 던진다. 못물이 작은 파장을 일구며 둥글게 일렁인다.

파문이다. 두 개의 사물이 부딪혀서 내는 둥근 울음.

꽃을 놓고 돌을 쥐어야 한다. 한때 고왔으나 쉬이 져버리는 것을 놓고

이제 더 단단하고 여문 것을 쥐어야 한다.

더 크고 둥근 파문을 만들기 위해.

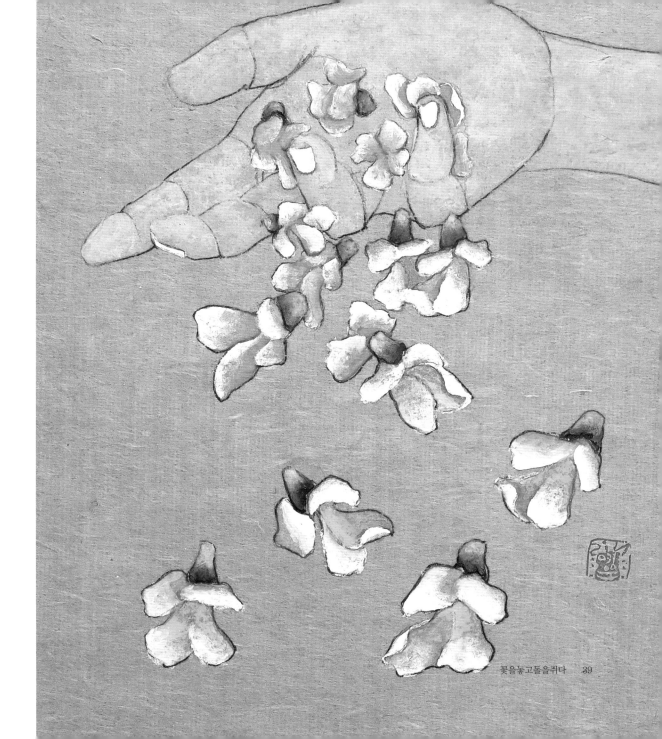

새벽 3시 아니 4시쯤인가.

위층의 수돗물 소리도 도마질 소리도 아이들
의 통통거림도 들리지 않는다. 지나는 자동차
소리도 없다. 아무것도 들리지 않는다.
평온하고 고른 숨을 쉬며 세상은 잠들었다.
이런 밤에도 저 건너 강둑에는 어린 풀이
자라고 꽃은 작은 봉오리를 터뜨리고 있을까.

고른 숨을 쉬며 잠들어 있는 사람들의 머리카락은 자라고, 작고 말랑한 아기의 입안에선 밥풀 같은 뽀얀 이가 잇몸을 간지럽히며 돋아나고 있을까.

부주의로 쌀을 쏟아버렸다. 하얗게 흩어진

쌀알들. 오래 갇혀있던 기억도 이렇게

한꺼번에 쏟아지면 좋겠다.

요양병원 철제 침대에 하염없이 누워만

있는 나의 오랜 그 여자에게도 이렇게

기억이 쏟아지면 좋겠다.

여기 쌀알이 하얗게 쏟아지듯이.

여름 땡볕이 바늘처럼 꽂히던 길을 따라

깨꽃이 하얗게 피었던 그 시절, 햇빛 부신

풍경처럼.

흰 모시적삼이 푸른 느티 아래서 성근

눈물에 젖던 먼 먼 그때처럼.

44

뼈는 울음의 화석이다.

참고 참아서, 울고 울어서 마침내 단단한 화석이 된 그것.

캄캄한 몸 한 채를 지탱하고 있는 뼈와 뼈.

새파란 아픔의 날(刃)이 어둠 속에 하나씩 피어 살 속을 파고들 때,
그 살이 모눈종이처럼 한 칸씩 뜯겨나갈 때, 그럴 땐 이백 육십 개의 뼈를 호명하자.

하나씩 부를 때마다 꼿꼿이 일어서는 극약 같은 뼈.

뼈라는 처방전을 받아들자.

오늘은 음력 열닷새. 달의 죄목을 고한다.

달은 저 원융하고 무애한 자태로 다만 그저 내려다 볼 뿐이다.

그러면서도 온 세상을 하염없이 부린다.

창창하고 막막하고 숨 가쁜 목숨을 은은한 부질없음으로 만들어버린다.

아득히 먼 곳에서 부리지 않음으로 부리는 달, 저 크고 환한!

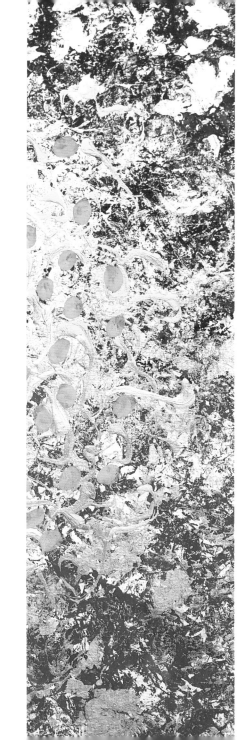

루처

돌가발이

하를백년럼떠다신도없

시인이라는 이름은 늘 아프고 서럽지. 안으로 울고 울어, 울음의 강을 흐르게 하지. 그 강에 제 살과 뼈를 씻어, 마침내 견고한 집 한 채를 짓는 사람이지.

그래, 기다림은 늘 고통스럽다. 오지 않는 시의 뮤즈를 기다리는 것은 더욱 그렇다. 오랜 기다림 끝에 겨우 찾아온 시는 좀처럼 제 모습을 선명하게, 그리고 전부를 드러내지 않는다. 뿌옇고 몽환적인 한 줄 안개처럼, 겨우 빼꼼 비치는 한 조각 퍼즐처럼.
잘 만들어진 한 벌 옷, 그 매끈하게 바느질 된 옷의 안쪽 솔기를 생각한다. 한여름 태양 아래 잘 익은 옥수수 알처럼 촘촘한 이빨로 가늘디가는 올들을 꽉 물고 있는 솔기의 치열함을.
시는 익숙한 것들에 대한 배신에서부터 시작된다. 시는 하찮고 작은 것들을 대단하고 크게 만들어내는 힘이 있다. 그것들에게 따뜻이 이름을 붙여주고 불러주는 데서부터 시가 시작되는 것이 아닐까.

쉽게 쓰는 시를 경계한다. 단번에 써내려간 시를 멀리 한다. 시작(詩作)의 과정은 늘 고통스럽고 힘겹지만 그 속엔 분명 무엇으로도 대치할 수 없는 주이상스적인 어떤 것이 있다. 그리고, 그 고통스런 희열로의 욕망이 지칠 때 배경이 되어주고 위로가 되어주는 건 음악과 그림이다.

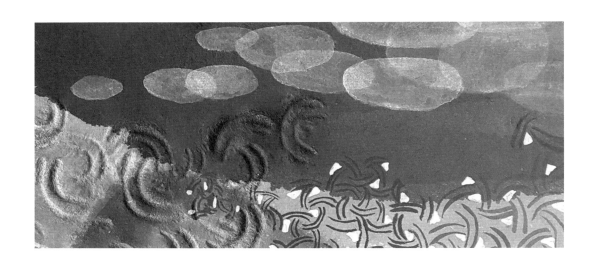

A4, 두부, 국수 ….

내 시에 불려온 희고 반듯하고 가지런한 것들,

아직 지우지 못한 먼 이름도, 아직 쓰지 못한 나의 시도 그러하면 좋겠다.

쉽게 무너지고 쉽게 꺾이고 그리고 쉽게 찢어질지언정.

아침에 가출했던 문장 한 줄이 저녁에 돌아왔다.

하루를 백년처럼 떠돌다가 신발도 없이 어둠에 끌려왔다.

보고 들은 것들, 만지고 밀어낸 것들을 모두 잊었거나 잃어버린 채,

형용사 하나도 데려오지 못했다.

닦아도 닦아도 등피가 뿌연 밤이 폐허처럼 멀어졌다.

낯선 상징과 모호한 은유가 아닌 날것으로 쓰는 한 줄 시.

한 방울 잉크를 푸르게 문 만년필은 다른 모든 것들을 거부한다.

오직 뾰족한 촉 하나만으로 꼿꼿하다.

아무도 딛지 않은 흰 눈 같은 백지 위에 자기를 세웠다.

울컥 쏟아내지도 않고 적당한 머금음으로 다른 누구도 아닌 자기를 쓰고 있다.

문득 그의 이마가 아주 잠깐

반짝, 하고 빛난다.

어떤 시는 정말 그렇구나, 하며 무릎을 치게 한다.
그러나 곧바로 다시 '혼돈에의 투신'과 '첩첩한 미혹' 속에 빠지게 한다.
그리고는 또 여전히 '눈물 나는 긴 방황'을 하게 하는 시가 있다.

인생을 모르면서 이미 인생을 살고 있고

시를 모르면서 이미 시를 쓰고 있다.

인생이란 무엇인가 라는 질문과 같은 무게로 시란 무엇인가 하는 질문이 놓여 있다.

그렇다 하더라도 나는 쓰고 있고 또 쓸 것이다.

쉽게 쓰는 시를, 단번에 써내려간 시를 경계하며

어렵고 두려운 시, 피 묻은 시, 흰 뼈의 시를 갈망한다.

여기 두들겨 맞아야 하는 시들이 있다.

물러터지도록 게으른 시, 늘어진 뱃살에 붙어살고 있는 시가 있다.

이 시들은 기상천외라는 놈에게 꼼짝없이 붙들려서 두들겨 맞아야 한다.
정신이 번쩍 들도록, 아주 흠씬.

나태한 정신의 살을 낱낱이 발겨내고 영혼의 뼈 같은 시를 갈망하는 지금,
두들겨 맞고 싶은 시가 밤과 새벽 사이에 떡 버티고 있다.

시는, 그리고 문학은 낮고 어둡고 그늘진 곳의 춥고 배고픈 것들을 품는데서부터 시작되는 것이리라. 하여 그런 것들을 지나치지 않으려하고 몸을 구부려 그들의 이야기를 들으려 한다. 그러나 나의 낡은 감각의 촉수는 번번이 그들의 말과 빛깔들 밖에서 겉돌고 있다.

꽃과 풀의 말과 바람의 이야기와, 날려가는 비닐봉지의 말라버린 눈물자국을 읽을 수 있다면! 함부로 쓴 어제의 내 시가 부끄럽다.

시는 직관과 은유로 이미지를 형상화하는 장르라고 하겠다.

말하자면 글쓴이 자신을 최대한 숨기면서 최대한 자신을 표현하는
일견 모순된 작법을 견지한다.

이에 비해 산문의 매력은 보다 진솔하게 자신을 드러내는 데
주저하지 않는 솔직함에 있는 것 같다.

물론 여기서 산문이라 함은 소설이나 희곡, 평론 같은 장르가 아닌
일반적인 수필에 가까운 글을 말한다.

모호함과 암시로 위장된 시의 옷을 벗고
오래 입어 편안한 스웨터 같은 글의 첫 문장을 쓰는 지금,
시적 긴장감을 내려놓은 이 해방감이라니.

펜이 가는대로 마음을 열며 시 밖에서 시를 보는,
긴 호흡으로 산문을 쓰고 싶은 밤,

먼 별이 저 혼자서 밤을 넘는다.

처음 소설이란 것을 읽었을 때가 초등학교 6학년 때이던가.

문장과 내용을 모두 확실하게 이해는 할 수 없었지만 그것은 뜨겁고 은밀하고 그리고 이상스런 아름다움을 지닌 그 무엇이었다.

비밀스런 휘장을 몰래 들치고 보는 어른들의 세계 같은 것. 아, 이런 글이 있다니, 이런 이야기가 있다니. 살을 헤집고 파고들어 온 얼음물 같은 차가움, 아니 발갛게 단 인두에 허벅지를 댄 것 같은 뜨거움의 느낌, 그 선연한 느낌에 아이는 며칠을 혼곤히 앓았다.

피아노,
    중년의 우아한 귀부인의 검은 드레스.
    그 드레스의 안쪽은 무수한 솔기가 박혀있다.
    여든 여덟 개의 가지런한 바늘땀이 물고 있는 소리와 소리들.

누구인가.
　　달이 휘영청 밝은 어느 밤.
　　귀부인의 우아한 드레스를
　　갈기갈기 찢어버린 사람.
　　루트비히인가.
　　창공 높이에서 유유자적하는 달인가.
　　베토벤의 월광을 듣는 밤이다.
　　달이 희롱하는 피아노,
　　피아노가 희롱하는 달빛이다.

내 푸른 실핏줄은
천 개의 현, 만 개의 현이니.

고독한 바이올리니스트여,
　그대 뜨거운 활이여.

우리들 살과 뼈 남김없이 살라서
　천상의 선율에서 마침내 피어나리라.

　지상의 모든 것들이 쓰러지고
　　그 쓰러짐의 황홀한 잔해 위에서 휘어지고 무너지리라.

　둥근 조명 아래서 밤의 허리를 농염하게 긋고 있는 그대,
　긴 생머리의 바이올리니스트여.

너는 바람의 딸이구나. 바람이 낳은 흐느낌이구나. 너의 이름은 반도네온.
접고 또 접은 바람을 담은 첩첩 가슴, 묶었던 울음의 끈을 비로소 푸는구나.
밟을수록 찐득한 탱고의 붉은 고독을 품고 있는 몸.
너를 다루는 연주자의 저 죄인 같은 자세는 또 무엇인가.
무슨 운명처럼 가슴에 끌어안고 고개를 푹 숙이고서, 뜯고 또 뜯어내는 끈적이는 음색에
끝도 없이 딸려 나오는 퇴폐와 관능의 페이소스.
멀고 먼 태양의 나라에서 온 타오르는 정념에 속수무책으로 엉겨드는 콘서트의 시간이다.

마림바 연주를 들으면 영혼이 맑아지는 느낌이다.
단발머리 소녀가 폴짝거리며 징검돌을 밟고 온다.
오다가는 물속에서 둥근 돌멩이들을 주워서 냇물에 던진다.
냇물은 하나씩 돌멩이를 받아먹으며
입을 오므려 퐁퐁 투명한 소리를 만든다.
물과 돌멩이가 만나 나무와 꽃을 춤추게 하고 하늘을 출렁이게 한다.

어여쁜 소녀야, 눈물도 울음도 동그랗게 어여쁜 소녀야.

열두 곡의 무언가(無言歌)를 남긴 멘델스존은 말했다.

가사가 없는 음악이 가사가 있는 음악보다 더 많은 걸 전달한다고. 언어에 갇힘과 갇히지 않음을 이야기 했다고나 할까.

문학을 그에 비유하자면, 시는 가사가 없는 음악이고 소설이나 수필은 가사가 있는 음악이 아닐까.

시라는 음악에 독자는 각자의 가사를 지어 올려놓는다. 그러면 시는 그 한 편에 머물지 않고 수십, 수백 편의 노래가 될 것이다. 시가 궁극으로 꿈꾸고 지향하는 바가 아닐까.

미술관에서 만나는 작품의 제목이 가끔 '무제(untitled)'라고 표시된 것을 볼 때가 있다. 제목을 안 붙이는 것과 '제목이 없는' 것의 제목을 '무제'라고 하는 것과의 차이를 생각해 본다. 없음으로서 있는 것. 관람자에게 주어지는 사유나 감상의 자유가 너무 커서 때로 당황스럽고 허무하기도 하다.

노장 사상의 하나인 '무위(無爲)' 또한 그런 의미를 거느리고 있는 것일까. 무위는 단순히 아무것도 하지 않는 것이 아니라 '하지 않음을 하는 것'이라고.

아, 그러고 보니 시에도 '무제'가 있다. 일찍이 청록파 시인 목월이 쓴 미완의 문장 같은, 종결어미가 하나도 없는 시.

"줄이 한 가닥/어디서 어디쯤이랄 것도 없이""왜랄 것도 없이/느리게 흔들리며"
"줄이 한 가닥/막막한 태허의 혼돈 속에서/처음으로 불러보는/당신의 이름"

그럴까. 무제는 처음으로 불러보는 당신의 이름 같은 것일까.

J.S 바흐의 골드베르크 변주곡은 첫 곡 아리아에서 서른 개의 변주곡을 거쳐
맨 마지막에 다시 첫 곡 아리아로 돌아오는 명곡이다.
첫 곡인 아리아에서 조금씩 멀어지거나 흔들리면서 조금씩 변주된다.
첫 연인에게서 떠나려, 혹은 그 기억들을 잊으려는 걸까.
변주될 때마다 음과 음은 비워지면서 조금씩 젖어든다.

몸부림치듯 현란한 기교에 춤추는 선율이 아닌, 있는 그대로의 솔직한 선율.
서른 날, 서른 밤을 썼다가 지운 이름, 아리아.
첫 마음 첫걸음 그대로 간직하고 맨발로 돌아오시어요, 나의 순한 아리아여.

꽃을놓고갔음니다 '81

살바도르 달리는 시계를 녹였다. 시간을 녹였다.

혀처럼 부드러운 시간 속 시계 속의 바늘들.

시간을 녹인다는 것은 불멸을 산다는 것일까.

녹이고 싶다. 시계보다 더 집요하고 정교한 것들을.

머릿속에서 오랫동안 굳어 있는 것들을.

치밀한 자세로 나를 지배하는 절규의 시간을 가지고 싶다.

불멸을 살고 싶은 것이 아니라 모든 것을 지우고 난, 바로 그 순간을 살고 싶어서이다.

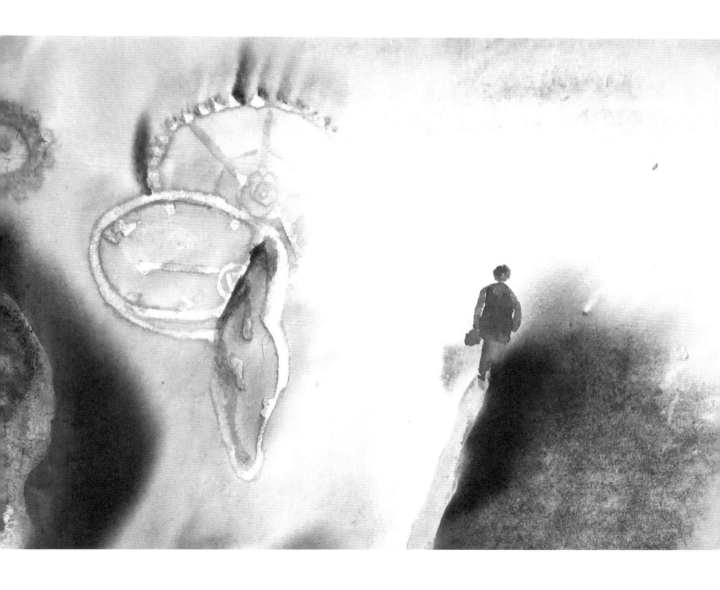

수많은 분야에서 수많은 저자들이 자신의 모든 것을 쏟아 넣은 책들.
책에는 어디 깨달음과 감동만 있으랴. 책을 읽는 행위 그 자체에는 혼자만이
오롯하게 느끼는 희열이 있다. 모두가 수평으로 누운 밤을 홀로 수직으로 앉아
스탠드 낮은 불빛 아래서 한 장씩 페이지를 넘길 때 손가락에 전해져 오는 종이
의 따스한 감촉, 문장과 문장 사이에서 행간의 여백을 거니는 여유, 이리저리
앞으로 뒤로 뒤적일 때의 자유로움이 오롯하다.
또 있다.
너무 아파서. 너무 아려서 다음 행간으로 건너가지 못하게 하는 문장.
거기 밑줄을 그으며 오래 생각에 잠기게 하는,
맑은 눈물을 그 문장에 바치고 싶은 밤이 있다.

운이는 말더어 때있

명라 을듬 볼가다

운명은 얼마나 사소한가. 미국 작가 폴 오스터의 소설에서 운명은 이렇게 말해지고 있다. "이미 일어난, 일어나게 되어 있던 일이라는 의미에서의 운명. 그것은 It is raining이라든가 It is night이라는 구절에서 비인칭대명사인 It과 같은 것이었다"

그렇다. 운명은 그렇게 사소하거나 일상적이거나 일반적인 어떤 그것, 그저 "It"인지도 모르겠다. 수많은 It들이 우연히 모였다가 흩어지거나 겹쳐지거나 멀어진 것이 운명이 아닐까. 그러하듯 운명은 거창하지 않으니 나의 운명에 너무 큰 의미 따위는 두지 않아도 좋겠다.

세상은 모두 하나이면서 개별적이다. 사람도 세상의 일부인지라 여럿이면서 혼자이다. 저마다의 고독과 슬픔을 지닌 실존의 무게를 한 생에 올려놓은 채.

시지프는 신이 준 형벌을 묵묵히 반복하는 것으로 자신의 운명에 굴복하지 않음을 증명한다. 자신이 주어진 불행을 적극 끌어안고 거기 굴복하지 않는 것이야말로 부조리에 대한 반항을 넘어 곧 존재의 긍정이라고 해석한 까뮈를 좋아한다.

폴 오스터와 알베르 까뮈, 그 둘의 글을 좋아한다. 그 둘의 강렬한 눈빛을 좋아한다. 그들의 글에는 거침없는 오만과 지독한 고독의 페이소스가 있다. 그들의 눈빛에는 세상 모든 것들을 빨아들이는 흡인력과, 폐부를 찌를 듯한 날카롭지만 고요한 응시가 있다.

운명이라는 말과 잘 어울리는 운명적 남자들. 그들이 있어 나의 운명이 늘 무겁지만은 않고 때로는 웃으며 바라보는 유희 같다는 생각이 들 때가 있다.

그런날, 그 어떤 날,

너는 왜 나보다 먼저 빈방에 들어 성근 어스름을 흔드는 거니.

사람들이 제가끔 푸석한 하루의 머리칼을 쓸며 불 켜진 집으로 돌아올 때,

나의 하루는 어제 보다 조금 더 닳은 구두를 벗어두고 귀소의 아늑함을 꿈꾸지.

그런 한때, 너는 왜 거기 길들지 못하고 자꾸만 칭얼대며 보채는 거니.

가만히 너를 달래고 다독이는 시간, 검은 창과 마주한 환한 불빛이 아리도록

투명하지. 바람이 푸른 손바닥으로 긴 밤의 창을 쓸 때면 너는 불면의 맨살 위를

자꾸만 미끄러지지.

흉부 엑스레이를 읽는다.

꽃은 다 사그라지고 대궁만 남았다.
곧 무너질 것 같은 한 채의 얼기설기.
툭 치면 순식간에 폭삭 무너지고 말 것 같다.

저기 저 엉성하기 짝이 없어 보이는 곳에 첩첩 사연을 천길만길 재웠다.

수많은 날과 수많은 밤의

펄떡이는 울분과 날것의

절망과 물컹대는 설움을

막무가내로 우겨넣었다.

한 꽃잎 그 옆으로 꽃잎, 한 꽃잎 그 아래로 꽃잎, 한 꽃잎 그 위로 또 꽃잎이다.

꽃잎에 꽃잎, 또 꽃잎에 꽃잎, 꽃잎….

한손에 잡은 한손, 그 한손에 또 한손. 인연과 인연의 끝없는 사방연속무늬.

아득하게 펼쳐지는 대웅전 꽃살무늬,

나는 저기 어디쯤 하나로 존재하고 있을까.

너는 또 어디쯤에서 나와 닿아 있는가.

가만히 당겨보는 끈,

시작도 없고 끝도 없는

인드라망 속 한 잎의 존재.

겨울 담벼락의 담쟁이.

잎이 다 진 검은 줄기들이 마른 담벼락을 움켜쥐고 있다.
어느 야수파 화가의 멈춰버린, 말라버린 욕망 같다.

저것은 새긴 것이다. 그린 것이 아니다.

수직의 거친 시멘트 화폭 위를 기고 기어서 붓 아닌 몸으로, 맨몸으로 새긴 검은 문신이다.

해가 지고 밤이 시작되면 어둠은 총구처럼 다가온다.

어둠은 에두르지 않는다.

어둠은 직진한다. 저벅저벅 군화소리를 거느리고서 거침없이 온다.

다급하게 커튼을 친다.

그리고 고요한 항복의 자세로 엎드려 칠흑빛 완전한 어둠에 복종한다.

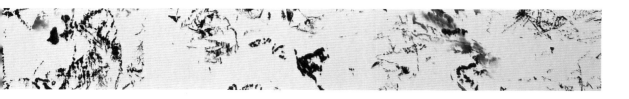

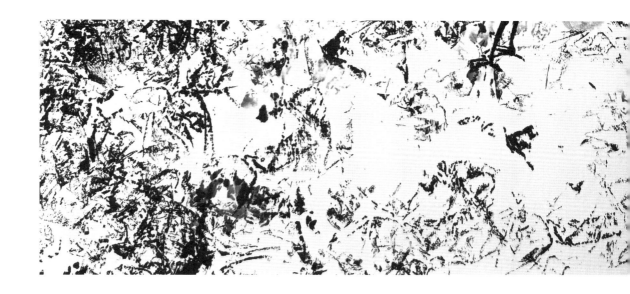

낡은 침대 매트리스가 아파트 분리수거장 구석에 가까스로 몸을 기대고 있다.
가운데가 움푹 팬 마르고 헐렁한 몸뚱이 한 채.
천천히 삐걱대는 프레임보다 먼저 삐걱댄 뼈가 있었을 것이다.
서서히 주저앉는 스프링보다 먼저 무너진 살이 있었을 것이다.

어디쯤에서였을까.
더 이상 받아내야 할 무게가 없을 때, 기억은 닫힌다.

격리는 칩거와 다르다.

그러나 애써 격리를 칩거라 부르기로 했다.

격리, 아니 칩거의 며칠을 보내고 밖으로 나온 날.

두발로 땅을 밟고 바깥의 공기를 폐 깊숙이 들인다는 것은 얼마나 큰 축복인가.

방금 빠져나온 아파트를 올려다본다. 무덤 같다. 동굴 같다.

허리를 젖히고 하늘을 본다. 구름 한 점 없다.

머리 위에서 화들짝 놀란 햇빛이 유리쟁반처럼 눈부시다.

실뱀 같은 엷은 현기증이 기분 좋게 온몸을 간질인다.

몸과 마음이 한 올씩 피어오른다.

일찍이,
아주 일찍이 고대 그리스 철학자 헤라클레이토스는 만물의 유전流轉을 말했다.

흐른다는 건 멈추지 않는다는 것이다. 흔히 시간이 흐른다고 한다.
시간은 모두 흘러 어디로 가는 걸까.
가버린 것들이 간 곳은 어디일까.
흘러가는 것이 아니라 흘러오는 것일까.

색깔도 무늬도 부피도 없이 그저 흘러가는, 아니 오는.
가장 공평하고 단호한, 불가항력의 쓸쓸한 세월이라는 관념.

가을이 제 그림자를 길게 드리운 저물 무렵,
미처 떠나지 못한 목숨 하나가 땅에 엎드리고 있다.
공중을 날아다녔던 잠자리.
천사의 옷자락을 잘라 날개로 달고 가벼이 여름 허공을 선회했던 잠자리가
큰 입도 큰 눈도 닫고서 마지막 기도를 하고 있다.
모든 것을 허공에 두고 가을 끝 무렵 차가워 오는 마른 땅에 엎드린 채.
땅이 있어 허공에 감사하듯 남은 에너지로 땅에 입맞춤하고 있다.
죽음을 받아들이는 저 가볍고 투명한 자세.
지친 날개가 고요를 감싼다.

공원에 있는 동물원에서 두루미 한 마리를 본다.

가늘고 긴 다리에 가늘고 긴 목이다.

길어서 더 쓸쓸해 보이고 가늘어서 더 외로워 보인다.

초겨울 한줌 비껴 든 햇살을 등에 지고 외발로 서 있는 두루미, 그의 흰 옷도 어느덧 바래졌다.

가늘고 긴 다리가 감당해야 하는 삶의 무게를 가늠해 보고, 길고 가는 목이 삼켜야 했던

울컥들을 생각해 본다.

목숨 있는 것들의 아득하고 찐득한 삶이라는 비린내.

늦은 밤 불빛 아래로 거미 한 마리가 지나간다.

얼른 신문지 한 장을 찢어 잡으려다가 문득 손을 멈춘다. 거미의 저 삶에 함부로 개입할 자격이 내게 있는 걸까. 가느다란 발을 쉼 없이 움직이는 저 행위에 생각을 멈춘다.

저 거미, 그것이 길이 아닌 미망의 밤을 넘는 일일지라도 멈추지 않는다는 것, 곧 살아간다는 것은 어떤 생명에게나 숭고한 눈물겨움이다.

목숨 있어 외로운 너와 내가 이 밤을 건너고 있다.
저마다 천지간 적막이 강이고 산일지라도 제 몫의 무게를 지고
또 가야만 하는 자욱한 만행의 이 밤이,
한마리 미물과 내 앞에 똑같이 놓여있다.

텔레비전 다큐 프로에서 보는 동물의 세계는 아름답고 처절하다.
약육강식의 생존에서 필연적으로 흘려야 하는, 찢기고 뜯긴 자리에서 솟아나는 더운 피를
제 혀로 닦는 모습이 그러하다.
그 비릿한 생의 비애를 닦아 줄 이는 오직 자신인 듯, 가장 부드럽고
가장 순하고
가장 내밀한
자신의 혓바닥으로 자신의 상처를 핥는다.

사람의 일도 그러하리라. 저마다의 고통은 오직 자기만이 치유하고 다스릴 수 있다.
세상의 불이 꺼진 깊은 밤, 홀로 깨어 있는 한 사람. 그는 영혼의 혓바닥으로 잠들지 못하
는 자신의 고통과 상처를 스스로 핥는다.
피투성이로 피투被投 된 존재의 고독하고도 아름다운 실존의 방식이다.

봄볕은 죄를 화농처럼 번지게 하고
가을볕은 그 죄를 환하게 비춰준다.
겨울 내내 그 죄를 들여다보면
세상은 다 사위어가도 뻔뻔하고
시퍼렇게 살아있다.
내 죄가 그러하다.
멀고 가까운 나의 죄, 나는 죄 많은데 세상은 죄 없이 아름답기만 하다고,

저 환한 볕이 말해준다.

인간의
두개골을
직접 본적은 없다.

사진이나 영상을 통해 보았을 뿐.
검은 무덤 같은 두 눈은 무표정하지만
아래턱을 꽉 채운 가지런한 치아는 왠지 웃고 있는 모습 같다.

인간의 두개골은 원래는 웃는 모습이 아닐까.
그 위에 붙은 살과 근육이 세상과 맞서 부대끼고 싸우느라
화내기도 하고 울기도 하는 모습으로 나타나는 게 아닐까.
오로지 웃음만을 꽉 물고 있는 단단한 뼈 덩어리.
두개골! 거기엔 어떤 울음도 슬픔도 들어오지 못한다.

이 글은 읽는 당신,
혹시 지금 울고 있나요?
당신의 얇은 얼굴피부 바로 아래, 두개골은 지금 웃고 있답니다.
그 단단한 웃음이 허물어지지 않는 한 당신은 언제든지 아니.
영원히 웃을 수 있을거예요.

라디오의 전원을 끌 때면 나오는 멘트, "전원이 꺼집니다".
꺼진다니, 꺼진다는 건 사라지는 걸까.
땅속으로 흔적도 없이 가라앉는 것일까.
실지렁이 같은 기억의 웅덩이를 덮어버린다는 것일까.
그렇다면 꺼진다는 것은 통쾌한 것이다. 미련을 싹 쓸어간 깨끗한 것이다.
자정을 막 넘는 하루의 경계에서 라디오를 끈다.
내 생에서 모든 꺼져버린 것들을 위하여!

어둠이 내리고 있는 창은 엷은 천을 한 겹씩 덧대는 것 같다.

소음이 잦아진 아파트 주차장으로
더러는 미등을 켠 자동차들이
미끄러져 들어서고 있다.
건너편 동의 창에
드문드문 불이 켜진다.
사각의 이 공간은
헝겊이 물기를 빨아들이듯
빠르게 어둠에 젖는다.

전등 스위치를 누르자 희미하게 물러나 있던 침대며 화장대며 냉장고
며 식탁이 선명하게 몸을 드러낸다. 말갛게 속을 비운 화장대 거울,
식탁위에 깔아놓은 유리. 그 위에 불빛이 왁자하니 모였다 흩어진다.
터질 듯 환한 불빛이 박하사탕처럼 아리다.

운명이라는 말을 더듬어 볼 때가 있다.

조심스레 손 내밀어 보면 바닥에 닿는 차갑고 날카로운 어떤 것.

거기 손을 베이고 가슴을 베이고 생의 깊숙한 곳을 베이는 것.

상처는 상처로만 기억되는 것이 아닐 터이다.
상처에 상처가 더해지면 아픔이 아니다.
절망의 맨 아래를 치고 솟구쳐 오르는 두툼한 발바닥처럼 튼튼한 힘이 된다.
우리는 모두 그렇게 두툼한 발바닥으로 바닥을 차고올라 운명에 맞선다.

도서출판 득수

꽃을 놓고 돌을 쥐다

1판 1쇄 2025년 2월 14일

지은이	서빈, 국향
펴낸이	김 강
편집	최미경
디자인	제일커뮤니티 054 · 282 · 6852
인쇄 · 제책	천우원색인쇄사
펴낸 곳	도서출판 득수
출판등록	제2022-000005호
주소	경북 포항시 북구 장량로 174번길 6-15 1층
전자우편	2022dsbook@naver.com
ISBN	979-11-990236-1-1

값 25,000원

* 이 책 내용의 전부 또는 일부를 재사용하려면 반드시 저작권자와 도서출판 득수 양 측의 동의를 받아야 합니다.

서 빈

남쪽 동해안 작은 도시에서 글을 쓰며 살고 있다.
보자기처럼 반듯한 까닭 없는 쓸쓸함을 좋아하고
거기, 가벼이 앉는 한 잎의 깨끗한 고독을 어여뻐
한다. 가끔 풀씨 같은 서정이 게으른 시간의 손바닥
에 얹힐 때면 가만가만 시의 잎맥을 따라가 보기도
한다. 그간 여섯 권의 시집을 내었다.

국 향

맑은 눈빛을 나누며 마음을 물들이는 그림을 그리
고 있다. 글을 쓰는 사람들과도 교유하며 시 안에서
발견하는 이미지를 화폭 위에 옮겨보기도 한다.
물감이 지닌 저만의 색과 향을, 그것들의 번짐을
가만히 받아주는 캔버스의 소박하고 흰 질감을 좋아
한다. 열한 번의 개인전을 열었다.